네가지 음성

악한 음성을 저지하고
하나님의 음성을 듣는 방법

FOUR VOICES
How They Affect Our Mind

이영희 지음
박연수 옮김
박영득 그림

이 책을 당신께 바칩니다

이 글을 하나님 아버지, 예수님, 성령님과 하나님의 사랑을 알고 싶어하는 모든 어린이들을 위해서 바칩니다.

차례

바치는 글

제1장: 네가지 음성 / 5
  1. 자신의 음성
  2. 타인의 음성
  3. 악한 음성
  4. 선한 음성

제2장. 우리의 선택 / 14
  1.악한 음성과 우리의 선택
  2.선한 음성과 우리의 선택

제3장: 하나님의 여러가지 언어 / 23
  1. 성경
  2. 꿈
  3. 환상
  4. 몽환
  5. 다른 언어들(방언)
  6. 들을 수 있는 음성
  7. 임재
  8. 천사들
  9. 성령님의 음성
  10. 인지력
  11. 지혜

12. 회개
13. 계시
14. 침묵
15. 자연
16. 증거와 기적
17. 동물들
18. 환경
19. 은사
20. 타인들
21. 격려의 글
22. 격려의 음악
23. 격려의 예술
24. 눈물

제4장: 어떻게 하나님과 대화하는가? / 72

제5장: 음성에 대한 질문과 대답 / 75

제6장: 하나님의 음성을 들은 사람들 / 86

부록
예수님께로 초대 / 94
변화 프로젝트 / 97
저자 소개
그린이 소개
역자 소개

제1장
네가지 음성

우리 마음에 들려오는 네 가지 음성은 다음과 같다: (1) 자신의 음성 (2) 타인의 음성 (3) 악한 음성 - 파괴적이고 부정적임 (4) 선한 음성 - 생산적이고 긍정적임.

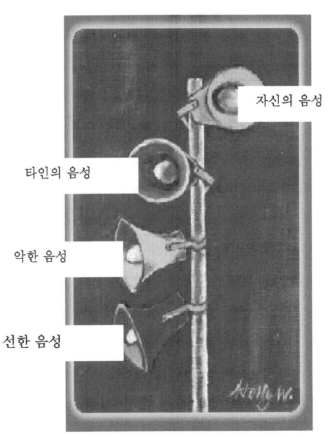

1. 자신의 음성

　우리의 음성은 우리가 관심 있는 것에 따라 좋기도 하고 나쁘기도 하다. 우리는 우리의 결론적인 사고를 내릴 수 있다. 선택이라고 부르는 것이다. 우리는 매일 받아들이거나 거부할 음성들을 선택하며 살아간다.

2. 타인의 음성

타인의 음성은 타인이 말하는 것이나, 타인의 마음을 읽거나 이해함으로써 알게 되는 것이다. 이 음성은 좋거나 나쁠 수 있다. 이 음성은 종종 우리에 대한 타인의 발언이 있을 때 표출된다. 그때 메세지들은 우리의 마음에 맴돌게 된다.

3. 악한 음성

악한 음성은 거부하고 싶어도 계속해서 우리의 마음을 나쁜 곳으로 이끄는 음성이다. 이 음성을 이해하기에 따라 어떤 이는 악마의 음성이라고 하기도 하고, 어떤 이는 나쁜 생각이라고 하기도 한다. 이 음성은 자신이나 타인에게 나쁜 것을 하도록 인도하는 것이다. 이 음성에 대항하는 방법을 모르면 우리는 혼란과 죄에 빠질 수 있다.

4. 선한 음성

선한 음성은 우리의 마음에 들려오는 음성 인데, 하나님으로부터 오는 음성이다. 하 나님을 믿는 사람들은 "성령"이라고 부르 기도 하고 어떤 이는 천사의 음성 혹은 양 심이라고 부르기도 한다. 이 음성은 우리 를 선한 길로 인도하는 항상 좋은 음성이 다. 이 음성은 우리가 문제에 빠지지 않도 록 옳은 길로 인도한다.

제2장
우리의 선택

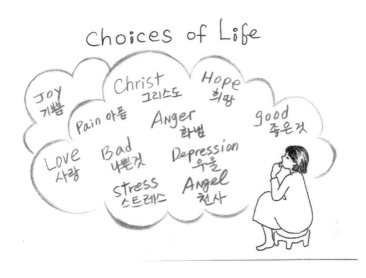

우리는 우리는 매일 선한 음성과 악한 음성의 영향을 받아 선택을 하게 된다. 많은 이들이 두 음성의 차이를 알지 못해 고생하고 있다. 과연 어떤 음성에 귀기울이고 영향을 받아야 하는지 결정하는데 어려움을 겪는 것이다. 이런 음성들이 어디로부터 오는지 명확히 깨달아 악한 음성에는 저항하고, 선한 음성은 받아들여 올바른 결정을 하는 것이 무엇보다도 중요한 일이다.

1. 악한 음성과 우리의 선택

악한 음성은 우리를 혼란과 고통의 길을 선택하도록 유도한다. 우리는 이런 음성에 저항하고 거부할 방법을 익힐 필요가 있다. 악한 음성을 선택한다면, 우리 자신과 타인을 해치는 결과를 낳을 것이다.

악한 음성에 저항하는 방법

모든 사람의 생각은 여러가지 형태로 다가오는 악한 음성을 듣는다. 따라서 우리는 그것에 저항하는 방법을 배워야 한다.

어떻게 악한 음성에 저항할 수 있는가?

기도로 하나님께 도움을 청하라
"예수님, 이곳에 오셔서 당신의 지혜로 저를 축복하여 주세요. 악한 생각들에 저항하고 당신의 음성을 따르도록 인도하여 주셔서 옳은 결정을 하고, 선하고 평화로우며 믿음의 삶을 살 수 있도록 인도하여 주세요."

성경 말씀으로 저항하라
성경읽기를 시작하고 묵상하라. 하나님의 말씀을 통해서 좋은 음성을 들을 수 있다.

모든 사람들을 용서하라. 하나님이 당신에게 평안과 기쁨으로 채워 주실 것이다. 예수님이 우리의 죄를 위해서 십자가에 못박히시고 하나님께 용서받는 길을 열어 주셨다.

2. 선한 음성과 우리의 선택

선한 음성은 자신과 타인이 더 나은 삶을 살 수 있도록 우리를 평화롭게 이끈다. 하나님의 음성이 "선한 음성"이며, 올바른 길로 갈 수 있도록 우리를 인도한다.

기도: "주님, 나의 마음에 오셔서 악한 음성에 저항하고, 선한 마음으로 당신을 따를 수 있도록 도와주세요. 당신의 사랑을 더 알고 사랑할 수 있는 방법을 알려주세요. 당신 안에서 평안을 구합니다. 다른 이들을 돕기 위한 삶을 살 수 있도록 이끌어 주시기를 원합니다. 예수님의 이름으로 기도드립니다. 아멘."

제3장
하나님의 여러가지 언어

 하나님이 우리에게 말씀하시기 위한 많은 언어들이 있다. 그 말씀은 우리가 옳은 삶을 살 수 있도록 방향을 제시해주는 선한 음성이다.

1. 성경

하나님은 성경말씀을 통해 우리에게 말씀하신다. 성경은 하나님이 누구이시며, 무엇을 하시며, 무엇을 우리에게 원하시는지를 말해준다. 성경은 영적 지혜와 지식, 분별력을 준다.

2. 꿈

하나님은 꿈을 통해 우리에게 말씀하시기도 한다. 하나님은 이런 방식을 자주 사용하시나, 많은 이들이 인지하지 못할 때가 많다. "이르시되 내 말을 들으라 너희 중에 선지자가 있으면 나 여호와가 환상으로 나를 그에게 알리기도 하고 꿈으로 그와 말하기도 하거니와" (민수기 12:6). 하나님은 또한 우리에게 꿈 해석을 주시기도 한다.

3. 환상

하나님은 환상을 통해 자신의 위대함을 말씀하실 수도 있다. 이사야는 성전에서 기도하는 중 주님을 보았다. 환상을 보는 것은 성령님의 선물이다. "하나님이 말씀하시기를 말세에 내가 내 영을 모든 육체에 부어 주리니 너희의 자녀들은 예언할 것이요 너희의 젊은이들은 환상을 보고 너희의 늙은이들은 꿈을 꾸리라" (사도행전 2:17).

4. 몽환

이것은 깨어난 것과 잠든 것의 중간 단계이다. 베드로는 기도 중에 이것을 경험했다. 그가 몽환 상태에 있을 때 그는 환상을 보았다. (사도행전 10:9~16)

5. 다른 언어들(방언)

성령님이 오신 오순절에 예수님의 제자들은 성령으로 가득 차 방언을 하고, 하나님의 메세지를 말하기 시작했다. 이 은사는 사람들이 예수님에 대해서 각자의 언어로 들을 수 있도록 하기 위해서 주어졌다. (사도행전 2:1~8) 하나님의 메세지를 선포하지 않는 다른 종류의 방언도 있다. 하나님과 소통할 수 있도록 돕는 이것은 언어의 은사이다. 바울은 "방언을 말하는 자는 사람에게 하지 아니하고 하나님께 하나니 이는 알아 듣는 자가 없고 영으로 비밀을 말함이라" (고린도전서 14:2).

6. 청취가능한 음성

모세가 불타는 떨기나무를 보았을 때, 그는 무슨 일인가 하고 가까이 가서 보았다. 그 때 그는 하나님의 음성을 들었다. 하나님은 그가 성스러운 땅에 서 있기에 그에게 신발을 벗으라 하셨다. 그 후 하나님은 모세에게 여러차례 말씀하셨다. 또한 하나님은 사무엘에게도 말씀하셨다. 하나님은 청취 가능한 음성으로 사람들에게 말씀하실 때도 있다. (사무엘상 3:8~11).

7. 임재

하나님은 항상 우리 곁에 계시지만, 성령님께서 때때로 우리가 하나님의 임재를 느낄 수 있도록 해 주신다. 그것이 하나님이 우리에게 말씀하시는 방법중 한 가지이다. 솔로몬이 주님을 위한 성전을 짓고, 사람들이 예배할 때 하나님은 구름으로 나타나셨다. (역대하 5:13~6:2). 하나님의 임재를 느끼는 순간 당신은 하나님이 정말 살아계시다는 것을 알게된다. 그순간 하나님께서 마음에 음성을 주시기도한다.

8. 천사들

하나님은 천사를 통해서 많은 이들에게 말씀하신다. 고넬료는 베드로를 집으로 초대하라는 천사의 방문을 받았다. (사도행전 10:1~6).

9. 성령님의 음성

어느날 우리 마음 속에 선한 음성이 들린다면 그것은 성령님의 부드러운 속삭임일 것이다. (열왕기상19:11~13). 예수님은 성령님이 우리의 영적 보혜사, 선생, 위안자, 지도자, 안내자라고 가르치신다. 성령님도 우리에게 말씀하실 수 있다. "보혜사 곧 아버지께서 내 이름으로 보내실 성령 그가 너희에게 모든 것을 가르치고 내가 너희에게 말한 모든 것을 생각나게 하리라" (요한복음 14:26)라고 예수님은 말씀하셨다.

10. 인지력

하나님은 전에는 이해할 수 없던 것들이 깨달아지도록 인지력을 주심으로 우리에게 말씀하신다. 성령을 통해서 하시는 일이다. "각 사람에게 성령을 나타내심은 유익하게 하려 하심이라. 어떤 사람에게는 성령으로 말미암아 지혜의 말씀을, 어떤 사람에게는 같은 성령을 따라 지식의 말씀을" (고린도전서 12:7~8).

11. 지혜

하나님은 우리에게 영적 지혜를 주신다. 우리가 성경을 이해할 수 있다는 것이 좋은 예가 된다. 성경은 오랫동안 나에게 이해하기 어려운 책이었다. 그러나 하나님이 영적인 지혜를 주심으로 성경을 이해할 수 있게 되자 나의 삶은 바뀌었다. 바울은 영적 지혜를 통해 성령이 어떻게 우리를 돕는 지를 말한다. (고린도전서 2:12~14).

12. 회개

하나님은 우리가 깨끗한 마음을 가지길
원하신다. 우리가 회개하며 하나님께 용서
를 간구하면 용서받을 수 있다. "만일 우
리가 우리 죄를 자백하면 그는 미쁘시고
의로우사 우리 죄를 사하시며 우리를 모든
불의에서 깨끗하게 하실 것이요" (요한1
서 1:9).

13. 계시

계시는 앞으로 일어날 일을 알려주거나 하나님이 공유하기 원하시는 것과 영적 실현을 알리기 위한 것이다. 성경은 하나님의 계시에 관한 이야기이다. 바울은 다른 이들이 주님으로부터 계시를 받을 수 있도록 기도했다. (에베소서 1:17~18).

요한은 주님의 계시를 받았고, 예수님이 나타나셔서 앞으로 일어날 일들을 말씀하셨다. (요한계시록 1:1~3). 하나님은 앞으로 일어날 일과 그 분의 계획을 알려주시기 위해 우리의 마음에 말씀하신다.

14. 침묵

침묵에 익숙해지지 않으면 우리 마음은 흩어지게 된다. 정결한 마음과 침묵으로 경청할 때 하나님의 음성을 들을 수 있다. 마음을 깨끗게 하고 침묵을 연습할 수록 당신은 하나님의 음성을 더 잘 듣게 될 것이다. 기다리는 동안 침묵 속에서 하나님의 현존을 느낄 수 있을 것이다.

15. 자연

하나님은 자연(천둥, 번개, 구름, 연기, 불 등)을 통해 현존하심을 우리에게 알려 주신다. (출애굽기 19:16~19). 이 자연의 아름다움 또한 창조주의 영광과 그 거룩하심을 말해 주고 있다.

16. 증거와 기적

하나님은 이스라엘 사람들을 노예의 삶
에서 구원하시는 동안 큰 기적과 증거들을
보여 주셨다. (신명기 4:32~36).

17. 동물들

우리가 죄악 속에서 살고 있을 때 하나님은 우리를 바로잡기 위해 사람은 물론 동물까지도 이용하신다. 하나님이 동물을 통해 말씀하셨다고 말하는 사람을 아직 만나지 못했지만, 베드로는 당나귀를 통해 하나님의 메세지를 들었다는 선지자의 이야기를 썼다. "자기의 불법으로 말미암아 책망을 받되 말하지 못하는 나귀가 사람의 소리로 말하여 이 선지자의 미친 행동을 저지하였느니라" (베드로후서 2:16).

18. 환경

하나님은 우리의 환경을 통해서 말씀하신다. 때로 하나님은 우리가 기대하는 문은 닫으시고 예상하지 못한 문을 열고 계신 경우가 있다. 따라서 주님의 음성을 듣는 연습을 하는 것이 매우 중요하다. 하나님의 음성을 들을 수 있다면 혼란에 빠질 이유가 없다. 바울의 선교여행은 성령님께서 계획하신 일이지만 가끔은 문을 닫게도 하셨다. 바울은 하나님의 특별한 계획으로 인해 특정 장소로 가지 못하도록 성령님이 인도하셨다는 것을 깨달았다.

(사도행전 16:7~10).

19. 은사

우리는 모두가 영적인 은사를 선물로 받았고 하나님의 나라와 영광을 위해서 또한 남에게 유익을 끼치도록 우리가 받은 영적 은사들을 사용해야 한다.

20. 타인들

하나님은 다른 사람들을 통해서도 우리에게 말씀하실 수 있다. 모세의 장인은 모세에게 그를 도울 수 있는 다른 이를 찾아보라고 제안했고, 모세는 그에 따랐다 (출애굽기18:13~16). 우리는 어떤 결정을 할 때 영적으로 성숙한 이들에게서 도움을 받을 수 있다. 그런 중에서도 우리는 주님을 더욱 더 효과적으로 섬길 수 있게 될 것이다.

21. 격려의 글

하나님은 다른 사람의 간증과 격려의 글을 통해서도 당신에게 말씀하실 수 있다. 성령님의 감동으로 쓰여진 글은 당신이 읽을 때 감동과 복을 줄 수 있다. 사실 성경이 그런 글이다. 성경은 여러 사람들의 간증이며 하나님이 어떻게 사람들을 도우셨는지 증거하는 것이고 우리에게 희망을 주는 글이다.

22. 격려의 음악

음악을 듣고 감동을 받은 적이 있는가? 종종 당신의 눈에 고인 눈물은 하나님의 사랑을 더 잘 이해하도록 만든다. 성령님의 감동이 있는 음악을 통해서도 하나님은 말씀하실 수 있다. 성령님의 인도하심으로 만들어진 음악은 주님의 선하신 음성을 경험하게 한다.

23. 격려의 예술

하나님은 우주와 그 안의 모든 것을 창조하셨다. 그 분은 창조주이시며, 우리는 하나님의 형상에 따라 만들어 졌다. 우리는 그러한 창조성과 창조의 열망을 부여받았다. 하나님은 노아의 방주를 계획하셨다. 하나님은 특정인에게 자신을 영화롭게 할 건축물을 지을 영감을 부어주신다. 주님을 위해 헌신하는 예술가들을 통해서도 우리에게 말씀하신다.

24. 눈물

예배에 참석할 때 이유는 알 수 없지만 마음 속 깊이 복받쳐 오르는 감동과 벅차오름으로 눈물이 터져 나올 때가 있다. 하나님 앞에서 울 때, 하나님은 우리를 위로하시고 치유하시며 정결케 하신다. 하나님과 시간을 보낼 때 흘리는 눈물은 성령께서 주시는 눈물이 있다. 이런 경우 눈물은 주님으로부터 오는 특별한 선물이며 성령님은 우리의 믿음을 자라게 도와주신다.

제4장
하나님께 어떻게 대화 할까?

예수님은 우리와 대화하기 원하시고 가까운 관계를 갖기를 원하신다.

매일 하나님과 대화하고 동행하는 방법

 당신을 깊이 사랑하는 아버지와 대화하는 것처럼 하라.

 당신을 위해 어떤 헌신하는 절친한 친구와 대화하는 것처럼 하라.

 당신을 보살피는 가족의 일원과 대화하는 것처럼 하라.

당신의 모든 걱정, 근심, 두려움과 욕망에 대하여 대화하라. 하나님은 당신의 모든 생각을 이해하시고 도와 주시기를 원하신다.

 당신이 하나님을 얼마나 사랑하는지 고백하라.

지혜, 지식, 이해력 등 필요한 것들을 말씀드리고 하나님이 원하시는 것이 무엇인지를 알아내라.

문제들에 대한 방향이 필요할 때 하나님과 대화하라. 마음에 있는 무엇이든 하나님께 말씀드려라. 그러나 만약 일방적으로 나의 필요만 나열하고 듣지 않는다면 그 분의 마음을 이해하지 못하게 될 것이다.

절반의 시간은 말하고 절반은 하나님의 음성을 듣는 것을 연습하라. 그러면 하나님과 대화를 더 잘하게 될 것이다.

모든 것에 감사드려라. 하나님을 경배하고 찬양하라. 주님이 당신에게 말씀하실 준비가 되시면 말씀하실 것이다.

제5장
음성에 대한 질문과 대답

1. 하나님의 음성을 듣고 싶은데 어떻게 해야 할까?

하나님을 성경말씀을 통해서 말씀을 하시는 것이 한 방법이다. 하루 30분씩 성경을 읽어라. 특히 복음서 (마태, 마가, 누가, 요한 복음)를 읽고 예수님에 대해서 배워라. 그러면 예수님이 당신에게 무엇을 말씀하시는지 이해할 수 있게 된다. 성경말씀을 이해할 수 있는 지혜를 달라고 간구하라. 가끔 마음에 떠오르는 성경구절을 통해서 주님은 우리를 격려하시고 인도하신다.

기도: "예수님, 저에게 성경말씀을 이해할 수 있는 지혜를 주세요. 당신이 말씀하실 때 들을 수 있게 도와 주세요."

2. 내가 기도할 때, 하나님의 음성을 들으려 노력하지만 하나님이 나에게 말씀하시지 않는다는 느낌이 드는 이유는 무엇일까?

하나님이 항상 우리에게 말씀하시는 것은 아니다. 하지만 걱정 하지 말라. 하나님은 듣고 계시며, 그 분의 시간에 그 분의 방법으로 말씀하실 것이다.

"일곱째 인을 떼실 때에 하늘이 반 시간쯤 고요하더니. 내가 보매 하나님 앞에 일곱 천사가 서 있어 일곱 나팔을 받았더라. 또 다른 천사가 와서 제단 곁에 서서 금향로를 가지고 많은 향을 받았으니 이는 모든 성도의 기도와 합하여 보좌 앞 금제단에 드리고자 함이라. 향연이 성도의 기도와 함께 천사의 손으로부터 하나님 앞으로 올라가는지라" (요한계시록 8:1~4).

우리의 기도가 하나님전에 올라가고 있다. 주님의 음성을 듣는 것을 기다리는 것을 배워야한다. 따라서 참을성을 가지고 기다려라.

3. 하나님의 음성에 온전히 집중하기 위한 방법은 무엇인가?

하나님을 음성을 들으려면 주님께 집중하려는 노력이 필요하다. 걸을 때에도 주님께 마음을 집중하는 습관을 길러라. 마음을 정돈하고 기도하라. "주님, 저에게 말씀해 주세요. 제가 듣고 있어요." 주님께 집중하기 위해서 성경을 암송할 수도 있다. 시편 23편, 요한복음 3:16절, 혹은 좋아하는 성경을 암송하고 묵상하라.

또 고요한 침묵의 시간을 갖고 하나님의 음성을 듣는 것을 연습하라. 하나님과 함께 할 수 있는 혼자만의 시간을 찾아라. 일찍 일어나 기도하거나 혹은 잠들기 전에 기도하고 음성을 듣는 기다리는 시간을 가질 수도 있다.

기도: "주님, 제가 듣고 있어요. 저에게 말씀하시고자 하시는 것이 있다면, 저에게 말씀해 주세요."

잘못한 것이 있으면 용서를 빌고 정결한 마음으로 침묵을 연습할수록, 더 하나님의 음성을 듣고 깨달을 수 있을 것이다.

3. 하나님이 내 삶에서 무엇을 원하는지 들을 수 있는 방법은 무엇인가?

성경말씀은 우리의 삶에서 가장 중요한 것이 우리가 전심으로 하나님을 사랑하는 것이다. 그리고 우리가 이웃을 사랑하는 것이다.

주님께 순종하려면 믿지 않는 영혼들에게 예수님을 전하고 영혼 구원하는 일에 힘쓰라, 주님을 섬기기 위해서 어떤 일들을 해야 하는 지를 이해할 수 있게 해달라고 주님께 간구하라. 우리의 재능과 은사를 사용해서 다른 이들을 섬기는 것은 주님을 섬기는 것이다. 그런 가운에 하나님은 우리에게도 말씀하시고 또 다른 사람들에게도 우리를 통해서 말씀하실 수 있다.

4. 왜 사람들은 하나님의 음성을 듣고 인지하는 것을 어려워하는가?

사람들은 하나님이 성경이 쓰여진 때에만 말씀하셨고, 지금 우리에게는 말씀하시지 않을 것이라고 생각하기도 한다. 그러나 예수님은 성령이 우리와 함께 하시며, 우리에게 하나님에 대해서 말씀하실 것이라 약속하셨다. 성령님은 우리를 인도하시고 가르치시며, 위안을 주신다. "그러나 진리의 성령이 오시면 그가 너희를 모든 진리 가운데로 인도하시리니 그가 스스로 말하지 않고 오직 들은 것을 말하며 장래 일을 너희에게 알리시리라. 그가 내 영광을 나타내리니 내 것을 가지고 너희에게 알리시겠음이라" (요한복음 16:13~14).

하나님은 이미 많은 언어들로 사람들에게 말씀하셨으나, 사람들이 인지하지 못하거나 깨닫지 못할 수도 있다.

제6장
하나님의 음성을 들은 사람들

1. "하나님의 음성을 들었다" – 말븐

주님을 믿고 교회에 다니기 시작한 것은 13세부터였다. 내게는 많은 문제가 있었기에 끊임없이 기도하면서도 응답 받지 못한다는 느낌을 떨치기 힘들었다.

그러던 어느날, 운전을 하는 도중 빨간 신호등이 켜졌을 때 구운 감자를 먹기 시작했다. 삼키려는데 갑자기 기침이 나오며 호흡이 곤란해져서 말조차 할 수 없는 상황이 되고 말았다. 친구에게 등을 두들겨달라고 눈짓을 했지만 알아듣지 못한 친구는 쳐다보기만 했고 나는 문을 열고 나가서 차 뒷 트렁크를 간신히 붙들고 서 있었다. 금방이라도 기절할 것 같은 두려움이 덮쳐왔다.

그 순간 "주님 도와주세요!" 마음속으로 부르짖자 즉시 폐로 공기가 들어오는 것을 느낄 수 있었다. 숨을 쉬게 된 것이다. 나의 심장이 요동치기 시작했다. 그러나 이내 이 사실을 잊어버렸다.

그로부터 십년후, 부부싸움을 하던 중 격분한 아내가 흉기를 휘두르는 사건이 벌어졌다.

이웃의 신고로 경찰이 출동하고 나의 의사와 관계없이 아내는 교도소에 수감이 되었다. 얼마 후 13세인 아내의 아들로부터 문제가 생겼으니 데릴러 와달라는 전화를 받게 되었는데 마침 차가 고장나서 걸어갈 수 밖에 없었다. 걸어가며 나는 중얼거렸다.

"정말 하나님이 계시다면 어떻게 이런 엄청난 일들이 나에게 일어날 수 있지? 내 기도는 응답하지 않으시는군."

5~10분 후 "정말 그렇게 생각하니? 네가 숨쉴 수 없을 때 했던 기도를 내가 들어 주었다"라는 크고 명확한 음성이 내 마음속에 들렸다. 걸음을 멈추고 사방을 살폈지만 아무도 없었다. 나는 뛰기 시작했다. 그리고 얼마 후 그 자리에 서서 웃기 시작했다.

"그래, 내 기도에 응답하신 주님을 잊고 있었어. 이제 원망과 불평의 말을 멈추자."

그날 내 마음에 울려 퍼지던 크고 명확한 음성을 결코 잊을 수 없다. 이 일을 아내에게 말해주었고, 그녀는 "그것은 주님이 당신에게 말한 거야"라고 말했다. 목사인 삼촌에게도 그 이야기를 전하자 그는 교회에 와서 간증해 달라고 요청했다.

우울해지거나 걱정이 밀려올 때, 나를 도울 수 있는 것이 없다고 느낄 때, 그때의 기억을 떠올린다. 그 기억은 나와 나의 믿음을 다시 일으켜 세워주셨다. 감방동료는 물론 많은 이들과 이 경험을 나누었다.

하나님은 오늘도 우리를 향해 말씀하시고 부족한 나를 통해서도 메세지를 전하기 위해 이 글을 쓰도록 인도하셨다. 하나님의 메세지는 다음과 같다.

"계속해서 믿음을 지켜라. 당신이 기대하지 않을 때 응답이 올 것이다."

2. "하나님께 부르짖었다" — 래이래이

나는 기독교 집안에서 태어나 8남 6녀의 형제가 있는 19세 여자다. 일곱살 때 가출한 나는 마피아 조직에 가담했고 가족이 주지 않던 사랑과 관심을 그들로부터 받고 있다고 생각했다. 그 속에서 대마초, 술, 마약, 총 쏘는 법, 피도 눈물도 없는 냉혈한의 삶을 배워나갔다. 내가 곤경에 처하기 전 까지는 내게 관심 없는 가족들에 대해서 반항적이었다.

13살이 될 때까지 나쁜 아이들과 어울리며 싸움을 일삼았고 스스로 나쁜 아이라고 생각했다. 14살에는 헤로인 중독이 되었다. 나의 마음은 부서지고 망가져 혼돈 속에 지쳐있던 어느 날 육체가 녹는 느낌이 들었다.

고통속의 비명과 눈물이 마르고 끝이 보이는 느낌이 들었다. 시간이 얼마나 흘렀을까. 더 이상 내가 나쁜 사람이 아니라는 생각이 들면서 하나님께 부르짖었다. 더 이상 반복되는 고통 속에 살고 싶지 않다는 강한 열망이 생겼지만 나 혼자는 역부족이었다. 그러나 부르짖는 순간 손이 나에게 다가왔다. 강력하고도 부드러운 목소리가 들려왔다. "내 손을 잡아라. 이전의 것은 문제가 아니다."

흰 옷을 입은, 표현할 길이 없을 정도의 아름다운 분이 내 손을 잡고 어떤 방으로 데려갔다. 방에 들어서는 순간 내 마음속의 짐이 모두 사라지고 행복함을 느꼈다. 다시 정신을 차려보니 나는 병원 침대에 누워있었다. 의사와 가족들이 나를 둘러서 있었다.

의사가 "삼 일이 지났고, 더 이상 그녀를 어떻게 할 수가 없어요"라고 말하는 걸 들었다. 그는 나에게 죽음을 선고했다. 나의 가족, 특히 어머니가 우는 모습을 보며 가슴이 찢어졌다. 그 때 내 옆에 서 있는 남자에게 "제발 날 내 가족으로부터 데려가지 마세요. 올바르게 살게요. 제발"이라고 말했다.

난 그의 발에 엎드려 울면서 빌었다. 깃털처럼 부드러운 손이 나의 등에 닿았다. 다시 나의 맥박은 건강하게 뛰기 시작했고 의사는 할 말을 잃은 상태였다. 그날로 나는 퇴원해서 집으로 돌아갔다. 하나님은 내가 가야 할 길을 알려주셨다.

지옥은 고통, 슬픔,고뇌로 가득 찬 곳이다. 내가 증인이다. 나는 지옥이 천국처럼 명확하게 있다는 것을 말하려고 한다. 내가 증인이다. 오랜 시간 애정결핍으로 목말라있던 나는 하늘에 계신 아버지로부터 언제나 사랑받고 있던 소중한 존재였음을 깨닫게 되었다. 이제 내 삶은 순간이 감사로 가득 차있다.

결혼한 후 남편은 나에게 사랑을 주는 천사와 같다. 또한 나는 내가 아끼는 세명의 아이들이 있으며, 그들에게 내가 갖지 못했던 것들을 주려고 노력한다. 내가 가족을 필요로 할 때 언제나 그들은 내 곁에 존재한다. 마침내 행복을 찾은 것이다. 주님은 이제 곧 다시 오신다. 나는 천국을 보았고 기적을 체험했다.

"내가 어렸을 때에는 말하는 것이 어린 아이와 같고 깨닫는 것이 어린 아이와 같고 생각하는 것이 어린 아이와 같다가 장성한 사람이 되어서는 어린 아이의 일을 버렸노라" (고린도전서 13:11).

부록

예수님께서는 우리의 죄를 위해서 십자가에 죽으시고 부활하셔서 우리를 위하여 기도하고 계십니다. 예수님을 아직도 영접하지 않으셨다면 이 시간에 기도로 그분을 영접하시고 구원을 얻고 그분과 사랑의 관계를 맺으십시오.

"영접하는 자 곧 그 이름을 믿는 자들에게는 하나님의 자녀가 되는 권세를 주셨으니" (요한복음 1:12).

"하나님이 세상을 이처럼 사랑하사 독생자를 주셨으니 이는 그를 믿는 자마다 멸망하지 않고 영생을 얻게 하려 하심이라" (요한복음 3:16).

"예수님, 저는 죄인입니다. 저는 이 시간 주님을 영접하기 원합니다. 저에게 오셔서 저의 모든 죄를 용서하시고 저의 삶을 주관하시고 성령님의 인도하심으로 복음을 전할 수 있는 주님의 제자가 되기 원합니다. 제 마음의 모든 상처도 치유해 주시고 주님의 평안과 기쁨을 저에게 주시옵소서. 예수님의 이름으로 기도드립니다. 아멘."

"예수께서 나아와 말씀하여 이르시되 하늘과 땅의 모든 권세를 내게 주셨으니 그러므로 너희는 가서 모든 민족을 제자로 삼아 아버지와 아들과 성령의 이름으로 세례를 베풀고 내가 너희에게 분부한 모든 것을 가르쳐 지키게 하라 볼지어다 내가 세상 끝날까지 너희와 항상 함께 있으리라 하시니라" (마태복음 28:18~20).

변화 프로젝트
(Transformation Project Prison Ministry)

2005년에 설립된 변화 프로젝트는 감옥 문서 선교 비영리단체로서 17만권도 넘는 책들과 비디오들이 미국 전역으로 교도소, 형무소 그리고 노숙자 보호소에 목사들을 통해서 무료로 배포되고 있습니다. 아담스카운티 교도소 수감자들의 신앙간증을 엮은 책이 영어로 6권, 스페인어로 2권이 출판 되었고, 비디오 영화가 4편이 제작되었습니다. 변화 프로젝트는 예수님의 복음을 땅끝까지 전하여 영혼 구원과 영적 성장을 초점으로 하는 소망의 문서 선교입니다. 변화 프로젝트를 후원하기 원하시는 분들은 수표를 Transformation Project Prison Ministry로 쓰시고 아래 주소로 보내주시면 됩니다.

Transformation Project Prison Ministry
P.O. Box 220, Brighton, CO 80601
홈페이지:www.maximumsaints.org
　　　http//blog.daum.net/hanulmoon24
이메일: tppm.ministry@gmail.com
　　　yonghui.mcdonald@gmail.com
2013년에 한국에서 변화 프로젝트가 설립되었습니다.
한국 연락처: 이 본 목사, 변화 프로젝트 부장
　　　하늘문교회, 인천시 남동구 구월3동
　　　1388-15, 우편번호 405-840
Cell: 010-2210-2504, 교회전화: 070-8278-2504
홈페이지: http//blog.daum.net/hanulmoon24
　　　http//blog.daum.net/leeborn777
이메일: leeborn777@hanmail.net

저자 소개

이영희 (Yong Hui V. McDonald)는 미연합감리교회
(United Methodist Church) 목사로서 2003년부터
콜로라도주 브라이튼시에 있는 아담스 카운티
교도소에서 사역하고 있고, 변화 프로젝트와 재향
군인회라는 두 비영리단체를 설립하여 문서 선교를
통해서 수감자들과 노숙자들 그리고 군인들에게
책을 무료로 배포하여 하나님의 사랑과 복음을
전하는 일을 하고 있습니다.

그린이 소개

-박영득-
박영득 (Holly Weipz)은 콜로라도 주 브라이튼시에
있는 성어거스틴교회를 섬기고 있으며 특히
성체조배와 그림, 일러스트레이터를 통하여 주님께
영광을 드리는 자원봉사자 입니다.

역자 소개

-박연수-

한국외국어 대학교 무역학과

이수건설 주택사업팀

Songs Elite Martial Arts Academy

방과후 교육 프로그램 실장

Fellowship Church/휄로쉽교회 섬김

『네가지 음성, 악한 음성을 저지하고 하나님의 음성을 듣는 법』
(Four Voices, How They Affect Our Mind, How to Overcome Self-Destructive Voices and Hear the Nurturing Voice of God)
지은이: 이영희 (Yong Hui. V. McDonald)
옮긴이: 박연수 (Yun Soo Park)
그린이: 박영득 (Holly Weipz)
영어 1쇄발행 2010년 1월 1일
한국어 1쇄발행 2013년 10월 1일
아동서적 영어 1쇄발행 2014년 4월 15일
아동서적 영어 2쇄발행 2015 2월 1일
아동서적 한국어 1쇄발행 2014 4월 15일
아동서적 한국어 2쇄발행 2015 2월 1일
© 2015 박영득 (Holly Weipz)
표지 디자인: 르넷 맥클레인 (Lynette McClain)
표지 그림: 박영득 (Holly Weipz) 일러스트레이터
주편집: 김성민
편집: 김승인 목사, 임문순, 박영득, 한명옥, 김옥순
표낸곳: 아도라 (Adora Productions)
후원: 변화 프로젝트 교도소 문서 선교
Transformation Project Prison Ministry
P.O. Box 220
Brighton, CO 80601
ISBN: 978-1508584155

홈페이지: www.maximumsaints.org
　　　　http//blog.daum.net/leeborn777
　　　　www.griefpathway.com
　　　　www.veteranstwofish.org
이메일: tppm.ministry@gmail.com
　　　한국 연락처: 이본 목사, 변화 프로젝트 부장
하늘문교회, 인천시 남동구 구월3동 1388-15
우편번호 405-840
Cell: 010-2210-2504, 교회전화: 070-8278-2504
이메일: leeborn777@hanmail.net
(본문의 성경말씀은 대한성서공회의 개역개정판을 따랐습니다.)
(아도라는 스페인어로 Adora이고 영어로는 Adoration으로서 하나님을 깊은 사랑과 존경으로서 경배한다는 뜻으로 사용이 되었습니다. 아도라의 목적은 문서를 통하여 예수님의 사랑의 이야기를 땅 끝까지 전하여 사람들의 영적인 성장과 치유를 추진하는 것입니다.)

Made in the USA
San Bernardino, CA
01 March 2015